EXPOSITION
d'Ethnographie Coloniale

Les
DAHOMÉENS

AU
CHAMP DE MARS

(Palais des Arts Libéraux)

Mœurs et Coutumes

par

Jean Bayol

A. HERMENT, Éditeur

17 Rue Visconti. 17

PARIS

LES DAHOMÉENS

AU

CHAMP-DE-MARS

Le Comité de l'exposition d'Ethnographie coloniale a prié M. Jean Bayol, ancien gouverneur des Établissements français du Bénin, de vouloir bien faire un résumé succinct des mœurs et coutumes du Dahomey, en le faisant précéder de quelques renseignements géographiques précis.

C'est ce travail qui fait l'objet de la brochure que nous offrons au public.

AVANT-PROPOS

Nos victoires au Dahomey, les combats sanglants livrés par la colonne expéditionnaire dont ont fait partie de nombreux Français avant d'atteindre Abomey ont donné l'idée à un Comité, qui a pris le titre de Société d'ethnographie coloniale, de faire venir en France des spécimens véritables de la nation dahoméenne, et des types des différentes races qui habitent le littoral de la côte des Esclaves.

Faire au Champ-de-Mars, non loin de l'endroit où s'élevaient les villages indigènes en 1889, une exposition ethnographique aussi intéressante et aussi complète que possible, tel a été le but de la Société.

Elle a espéré pouvoir permettre de cette manière aux savants illustres dont s'honore notre pays d'étudier de près cette race Djeidji, si courageuse et si particulière au point de vue de ses mœurs et de ses coutumes.

A côté de ce but hautement scientifique qui le séduisait, il pensait instruire et intéresser le public en lui montrant, dans un vaste emplacement où ils pourraient construire des cases, analogues à celles de leur pays, se livrer à leurs danses joyeuses ou guerrières, faire des exercices préparatoires de combats acharnés, ces noirs qui, quelques mois auparavant, résistaient avec un héroïsme farouche aux troupes courageuses du général Dodds.

Un Français ayant habité pendant de longues années les Rivières du Sud, le Dahomey et la colonie anglaise de Lagos, M. Théodore Bruneau, fut envoyé, à la fin de décembre 1892, au moment où la guerre prenant fin, le conflit franco-dahoméen s'apaisait, pour recruter les soldats licenciés ou ayant déserté la cause du roi déchu, les amazones en fuite et les principaux types de la race Djeidji.

Il devait, en outre, se procurer tous les instruments et toutes les curiosités du pays représentant une valeur ethnologique.

Cette campagne de M. Bruneau, grâce à l'appui bienveillant

des autorités militaires et civiles de notre colonie du Dahomey, pu être menée à bien, et, le 14 mars, environ cent cinquante Dahoméens (guerriers et amazones) habitants des Popos (Minas, Nagos), débarquent à Marseille.

Le Comité m'a prié, afin de faciliter au public l'étude de ces différentes races africaines, de publier cette courte Notice, dans laquelle nous nous sommes attachés à retracer les mœurs, les coutumes étranges et les caractères militaires de cette nation qui avait terrorisé une partie de l'Afrique par ses pillages et ses coutumes sanglantes, et qu'une poignée de braves, commandée par un général aussi modeste que capable, M. Dodds, a su vaincre, rendant ainsi à sa patrie et à l'humanité un service que le pays reconnaissant n'oubliera jamais.

GÉOGRAPHIE

Le golfe de Bénin est compris entre le cap Saint-Paul à l'Ouest et le cap Formose à l'Est, la côte formant dans cet espace une courbe vers le Nord-Nord-Est.

La partie comprise entre le fleuve Volta et la rivière Lagos appartenait jadis au royaume de Dahomey. Avant la guerre, le Dahomey ne formait plus qu'un pays d'une étendue très limitée.

Sur le littoral appelé côte des Esclaves, il avait pour limite à l'Ouest le barrage d'Aroh, près de Grand-Popo, possession française, à l'Est, la lagune de Kotonou. La longueur de la côte ainsi déterminée est de 24 milles marins, soient : 44 kilomètres environ.

De la côte le pays s'étend vers le Nord sur une profondeur de 200 kilomètres au maximum jusqu'au royaume des Mahis, où le roi Behanzin s'est réfugié.

Une population de 250,000 habitants au maximum, appartenant à la race *Djeidji*, occupait cette contrée, l'une des plus riches de l'Afrique, au point de vue des palmiers à huile, dont le produit recueilli par les indigènes se vend sur les places de Marseille et du Havre, pour la fabrication des bougies et des savons.

La capitale s'appelait Abomey (*Abo*, fossé; *mé*, dans). — Ce nom ne servait à désigner que le centre même de la ville où se trouvaient les palais du roi. — La ville entière, comprenant les faubourgs de Goho, de Gimé, de Djibé, portait le nom de Dahomey ou Dahomé : *Da* ou *Dan*, serpent; *Homé*, ventre : *ventre du serpent*.

A quelques kilomètres (12) d'Abomey, dans l'Est-Sud-Est, se trouve la ville sainte : *Kana*.

On n'a pas expliqué clairement pourquoi la tradition dahoméenne donnait une si grande importance à la ville de Kana. On a cité la présence d'arbres fétiches, on a donné la ville comme un centre de pèlerinage pour le monarque d'Abomey et pour son peuple, mais il ne serait pas sans intérêt de préciser l'origine de la vénération de toute une race pour cette cité dont le nom est désormais inscrit sur les drapeaux du corps expéditionnaire français.

La tradition veut qu'un des rois d'Allada, berceau de la famille royale du Dahomey, possesseur de la première arme à feu parvenue en ce point de l'Afrique, voisin de Whydah, ait conquis les pays limitrophes et poussé ses conquêtes jusqu'aux plaines fertiles situées au nord du marais de Co ou Laina, dont la ville la plus considérable s'appelait *Calamina* ou *Kana*. Le roi de ce pays céda sans combattre une partie de son royaume; mais, devant les exigences sans cesse renouvelées de celui qu'il croyait possesseur du «Fétiche du Tonnerre », il lui fit déclarer qu'il ne pourrait désormais fonder un village que *sur son ventre.*

Tacoudounou, un ancêtre du roi Behanzin, n'hésita pas; il assassina tranquillement, en 1625, le chef de Kana qui avait eu le tort de se fier à lui, et s'empara immédiatement d'Abomey, où il construisit la capitale de son nouveau royaume qui s'appela Dahomey. Or le chef de Kana portait le nom de *Dâ*, qui signifie *serpent.*

Tacoudounou fit éventrer le malheureux Dâ, pétrit de l'argile avec son sang et ses entrailles, et construisit le palais royal, sur le toit duquel le chef de Kana resta exposé pour servir de pâture aux oiseaux de proie.

C'était la maison bâtie sur le ventre de Dâ, le Dahomey, qui apparaissait en Afrique et qui devait, par la terreur inspirée par ses guerriers aussi braves que fourbes, acquérir une renommée immense dans le bassin du Niger.

LES HABITANTS DU DAHOMEY

Les habitants du Dahomey sont des Nigritiens proprement dits ou nègres. Ils forment la tribu des *Djeidjis* ou *Foys*, ou *Foins*, ou *Fons*, voisine de celles des Achantis, des Minas et des Nagos, peuplades voisines venues comme elles du centre de l'Afrique.

Les Minas, qui habitaient jadis sur la rive droite du Volta, ont fondé de nombreuses colonies sur le littoral du golfe de Bénin et se sont lentement mêlés aux Djeidjis, qui occupent également le royaume de Porto-Novo.

Les hommes sont en général de grande taille, bien musclés, les épaules larges, la taille mince et les extrémités assez fines. La peau est veloutée, fraîche au toucher, luisante, et varie du noir rougeâtre au jaunâtre et au noir foncé.

Les cheveux sont noirs. La barbe est rare. Le corps est dépourvu de poils, sauf aux aisselles. Le front est tantôt fuyant, tantôt droit et bombé à son sommet. Le nez épaté, les pommettes saillantes. L'angle facial atteint 75°.

Les noirs du Dahomey n'ont pas cette odeur si forte des peuples de la Sénégambie, que j'attribue pour ma part à la sueur qui se forme chez ces hommes quand ils ont chaud.

Les femmes Djeidjis sont également de haute stature, et l'on comprend très bien que le roi ait songé à recruter ses amazones parmi elles.

Beaucoup de jeunes filles ont un buste gracieux et délicat. Les seins sont en général ovales, rebondis. L'auréole du mamelon est bombée; mais ces seins coniques se flétrissent de bonne heure à la suite des couches; ils forment alors des plis flasques, que les femmes mariées ont le soin de recouvrir avec leur pagne, et qui continuent cependant à faire l'admiration de leurs époux.

Les Djeidjis qui avaient, avant la défaite qui leur a été infligée par le général Dodds, la réputation d'être des guerriers invincibles, ont toujours eu pour leur patrie, malgré le régime despotique sous lequel ils vivaient, un réel attachement. Aussi, lorsqu'on les vendait comme esclaves, ils avaient le mal du pays,

« prenaient fantaisie », comme disaient les capitaines négriers, et ils mangeaient de la terre pour se faire mourir.

L'ARMÉE DAHOMÉENNE.

I. — LES GUERRIERS.

Au Dahomey, le service militaire est obligatoire. Tout homme valide est soldat. Au moment où le conflit franco-dahoméen a éclaté, le roi qui se disposait à aller piller les régions voisines de son royaume, avait réuni les contingents qui forment la réserve de l'armée régulière, dont les cadres existent même en temps de paix.

Le roi est le chef suprême de l'armée; mais, au moment d'entrer en campagne, il désigne le *Gaou*, général en chef.

J'ai assisté, pendant la célébration des coutumes, à Abomey, à l'appel de tous les régiments, auxquels le roi a l'habitude de faire des distributions de vivres et de vêtements à cette époque. En voici la liste exacte :

1er Blou;
2me Soflimata;
3me Adangbenou;
4me Foukoufoukou;
5me Ahovihouan;
6me Chachotonkou;
7me Adra;
8me Ahanzo;
9me Agbodogbé;
10me Adonovi;
11me Achi;
12me Fanté;
13me Anilima,
14me Régiment des Musulmans.

Le nombre des soldats réguliers est de 12,000, vivant de la guerre et habitant soit à Abomey, soit dans les camps disséminés sur la frontière nord ou ouest en temps de paix.

Les contingents levés dans les différentes parties du royaume peuvent atteindre 10,000 hommes.

En résumé, le roi Behanzin disposait de 22,000 hommes au début des hostilités, dont 2,000 environ armés de fusils à tir rapide ; mais la plupart n'avaient que des fusils à pierre, longs fusils de traite dits *boucaniers*, portant à 80 mètres au maximum, ou bien de petites carabines françaises modèle 1822.

Chaque soldat a une cartouchière contenant des charges de poudre toutes prêtes et un sac de balles. La bourre est faite avec une paille très fine appelée *mandine*, qui provient des fibres d'un palmier à huile très commun dans le pays. En outre du fusil, chaque soldat a un large couteau et un bâton en bois très dur appelé *aglopo*.

Si l'on avait fait la guerre au Dahomey en 1890 et non en 1892, si, en un mot, on n'avait pas perdu deux ans en tergiversations, le roi Behanzin n'aurait eu aucun Krupp à opposer à notre artillerie, et bien des victimes auraient été épargnées de notre côté.

Les Dahoméens n'ont pas de cavalerie. Il y a bien quelques chevaux dans le pays, de petite taille, très faibles, mais les chefs qui les montent sont assis sur un matelas placé sur le dos de ces bêtes paisibles, et des esclaves les soutiennent pendant la marche en les abritant sous le parasol, insigne de leur grade.

C'est assez dire que l'art de l'équitation est absolument inconnu et que les *amazones* vont à pied.

II. — LES AMAZONES.

Le roi du Dahomey est gardé dans ses palais par une véritable armée de femmes, que les voyageurs ont désignées sous le nom d'*amazones*.

Le peuple dahoméen les appelle *Minos* (*mi*, notre ; *nos*, mères), et familièrement les *femmes du roi*.

Cette appellation leur convient encore moins que celle d'*amazones*, car ces femmes-soldats sont vouées à un célibat éternel et mériteraient le titre de *vestales guerrières*. Un voyageur anglais, Burton, prétend que les amazones sont parfois admises dans le harem, et qu'un colonel de cette garde royale donna le jour à un enfant. Le nord de l'Afrique eut, dans les temps fabuleux, des amazones qui subjuguèrent les Maures, les Numides et les Éthiopiens ; la garde prétorienne du roi de Dahomey remplace ses sœurs de l'antiquité. Ce sont elles qui ont lutté avec le plus d'énergie contre nos troupes, et il a fallu souvent les tuer à coups de baïonnette pour leur faire abandonner le malheureux soldat sur lequel elles s'acharnaient, au cours d'une bataille.

Les guerriers n'ont pas un courage plus grand, ni un cœur plus indomptable que ces femmes dont toutes les pensées sont des idées de luttes et de combats.

Les amazones sont recrutées, soit parmi les enfants des chefs, soit parmi les jeunes filles captives qui sont confiées aux femmes du roi.

Leur vêtement consiste en un gilet sans manches, un pantalon très court, recouvert d'un pagne long en temps de paix, rétréci en temps de guerre, et un bonnet sur lequel est brodé un caïman ou un animal quelconque.

Les amazones vivent dans les différents palais du roi, à Abomey. Leur nombre ne dépasse pas 1500. Elles sont réparties en deux bataillons :

1er bataillon de Gougbé ;
2me bataillon de Agodojiyé.

Ces deux bataillons sont sous les ordres d'un même chef qui est une femme illustre par ses exploits.

La garde royale des amazones se tient toujours aux côtés du monarque dahoméen dans une expédition et ne marche à l'ennemi que sur son ordre et pour décider la victoire si la lutte est acharnée.

Les amazones sont en général armées avec des carabines, et c'est à elles et aux chasseresses d'éléphants qu'on avait confié, dans la dernière guerre, les armes à tir rapide vendues par les maisons allemandes au roi Behanzin. Elles ne sont plus armées d'arcs et de flèches comme jadis.

Soldats ou noires guerrières n'aiment pas beaucoup les armes à feu. Ils ne se servent en général que de leur coutelas ou de l'*aglopo*, assommoir. Nos fusils Lebel les ont obligés à modifier leur tactique.

Les exercices gymnastiques sont en grand honneur chez les

Dahoméens. Les longues marches, les danses continuelles développent chez eux les forces physiques. A l'époque des grandes fêtes, ils dansent devant le roi et promettent de lui donner la victoire dans les guerres futures.

Les amazones jalousent beaucoup les guerriers. Elles font les mêmes exercices qu'eux et, dans leurs chants de guerre, elles disent à leur maître qu'il est fort comme le lion et que, sous ses ordres, aucun prodige n'est impossible. Elles lui jurent de se jeter sur ses ennemis dans la prochaine bataille et d'aller à travers les balles dévorer le fusil de leurs adversaires.

Et, pour prouver leur dire, elles mangent de l'*akassa* (pâte de manioc très pimentée, qui ferait reculer les estomacs les plus solides).

Ces déclarations emphatiques plaisent beaucoup à Sa Majesté Dahoméenne, et je n'ai pas oublié le spectacle qu'il nous donna le 24 novembre 1889.

Je le vois, ce roi sanguinaire et terrible, Da-Da Glé-Glé, Kini-Kini, coiffé d'une toque de velours bleu brodée de fleurs noires, un collier en or autour du cou, le torse nu, vêtu d'un haut-de-chausses en satin cramoisi, des chaussons de lisière à petits carreaux blancs et noirs aux pieds, balançant son grand corps amaigri et bronzé, et dansant en mon honneur, entouré par douze femmes superbes qui lui servaient de coryphées. Il esquissa des pas lascifs et fit quelques bonds, comme les guerriers, qui arrachèrent à ses sujets des cris d'enthousiasme; puis il improvisa la chanson suivante, qui était d'une sagesse et d'une ironie cruelle pour nous :

Gaou, général, allez m'acheter de la force.
Allez plus loin que la rivière Whémé, vous trouverez un grand marché (Porto-Novo !).
Donnez tout l'or que vous posséderez, et si vous trouvez de la force à vendre, achetez-la.
La force est plus puissante que l'or, ô gaou !

Souvent, pour faire montre de leur courage, les amazones font la manœuvre suivante, qui leur apprend à conquérir une ville d'assaut.

Une case indigène est couverte de cactus, d'acacias épineux et de morceaux de bois pointus; des branchages sont jetés devant la hutte comme défense avancée. A un signal donné, après avoir fait plusieurs feux de salve, les guerrières se précipitent, traversent les obstacles, montent sur la toiture et, descendant les pieds meurtris, la poitrine ensanglantée, devant le monarque radieux, elles chantent :

Nous ne sommes pas des femmes,
Nous sommes des hommes,
Nos natures sont changées,
Nous irons à la guerre
Et nous reviendrons victorieuses ou mortes !

Les amazones boivent beaucoup, ce qui les entretient dans un grand état de surexcitation.

MANIÈRE DE COMBATTRE
DES DAHOMÉENS

Après avoir célébré les coutumes annuelles et, sur l'ordre des Féticheurs, sacrifié, tant pour célébrer le culte des ancêtres que pour se rendre les Fétiches favorables, des centaines d'infortunés prisonniers, le roi annonce que l'armée se réunira tel jour à tel endroit, pour marcher à l'ennemi. Après la concentration des troupes, il désigne un endroit généralement situé à l'opposé du point à atteindre comme but de l'expédition.

Des chasseurs et des hommes déguisés en marchands connaissent seuls le pays que l'armée doit envahir.

Ils forment la première avant-garde, font des reconnaissances, surprennent les gens des villages qui travaillent aux plantations et les font disparaître.

Le gros de l'armée, ayant détourné les soupçons par une marche qui paraît dirigée sur une autre région, revient sur ses pas.

Les Dahoméens font une véritable guerre de pillage et de razzias. Informés de la situation des villages par leurs nombreux espions, ils arrivent au point du jour, attaquent en poussant des cris et tirant des coups de feu, et les habitants terrifiés prennent la fuite pour tomber entre les mains des troupes disposées sur toutes les routes qui permettent de quitter le village.

Ils s'acharnent rarement contre une ville qui oppose de la ré-

sistance et, malgré leur bravoure reconnue, ils ne renouvellent pas l'assaut si l'attaque par surprise a échoué. Le Dahomey, jamais battu, était puissamment organisé pour l'attaque contre des peuplades indigènes. Malgré les fusils à tir rapide, les instructeurs européens mêlés à ses soldats, malgré les défenses improvisées sur la route du Whémé à Kana, nos troupes ont toujours été victorieuses.

Le courage indomptable des guerriers et des amazones, l'orgueil du roi Behanzin, ont fait que l'armée dahoméenne a toujours fait tête à nos troupes, essayant de les arrêter dans leur marche sur Abomey, et ne songeant jamais à les tourner, à attaquer nos derrières, et surtout les convois de ravitaillement et de blessés qui, après chaque bataille, allaient et venaient, sous une faible escorte, du camp français aux bords du Whémé, où se trouvaient les canonnières chargées d'assurer les relations avec Porto-Novo.

A Dogba, comme le 4 mars 1890 à Kotonou, les Dahoméens faillirent remporter la victoire parce qu'ils avaient surpris nos soldats; mais, une fois réduits à se défendre, ils devaient fatalement être vaincus.

Un épisode du combat du 4 mars 1890 que j'ai raconté dans la *Revue Bleue* donnera une idée exacte de la manière dont l'armée dahoméenne procède dans une attaque.

Bien que le village de Kotonou fût occupé par les Français depuis le 21 février, on n'avait pu installer encore qu'un système de défenses provisoires. Trois postes abrités par de simples haies formées de menus branchages, placés à des intervalles à peu près égaux sur une étendue de 800 mètres, couvraient, des côtés nord et ouest, les factoreries européennes où campaient les tirailleurs sénégalais. La lagune et la mer devaient servir de moyen de protection à l'Est et au Sud.

Le poste de grand'garde, composé de 18 tirailleurs, sous les ordres du lieutenant Compeyrat, se trouvait à huit cents mètres au nord de la factorerie Régis.

Il était chargé de la surveillance d'une forêt dont les arbres touffus, les fougères et les lianes, en apparence inextricables, semblaient propices pour livrer soudainement passage aux bandes dahoméennes habituées à combattre par surprise.

Nos soldats se tenaient derrière une barricade composée de troncs d'arbres empilés les uns sur les autres et formant un angle ouvert du côté de la lagune; quelques branches simplement jetées sur le sol complétaient l'enceinte de ce fort improvisé. —

A quelques mètres de cette redoute, un factionnaire se dressait, sondant la forêt silencieuse.

Déjà, du côté de l'Est, le ciel paraissait moins noir et le tirailleur de garde, musulman du Sénégal, songeait au salam de l'aurore, quand des bruits bizarres, frémissements des feuilles, murmures indistincts, lui parvinrent. Il fit un signe. Le lieutenant accourut. L'officier et le soldat, genou en terre, regardaient et écoutaient.

Ils virent au loin, bien que le vent se fût apaisé, les fougères et les arbustes s'incliner, pendant qu'un bruit monotone, toujours le même, parvenait jusqu'à eux.

Des tintements de clochettes éclatèrent ensuite, et soudain des êtres étranges, innombrables, se dressèrent, poussant de retentissantes clameurs. C'était l'armée du roi Behanzin qui se ruait sur Kotonou!

En avant de l'armée royale marchaient les amazones, leur colonel en tête, reconnaissable aux cornes d'argent fixées sur ses cheveux crépelés.

Les féticheurs, les gardes royaux, agitant la queue de cheval qui leur sert de marque distinctive, suivaient les amazones, puis venaient les troupes régulières.

Les Dahoméens étaient sur les palanques avant d'avoir reçu un coup de feu, et déjà deux soldats français étaient morts et sept autres grièvement blessés. La pièce de canon de la redoute restait muette, car le chef de pièce gisait sur le sol, décapité par une amazone, et les survivants, serrés les uns contre les autres, tentaient par un effort suprême de s'ouvrir un passage à la baïonnette.

Devant eux, les amazones, qui avaient franchi le rempart de feuillage, se roulaient par terre, essayant de les saisir par les jambes et de les entraîner.

Le roi Behanzin fut battu à Kotonou, comme il l'a été à Dogba, à Poguessa et devant les murs de Kana, la ville sainte.

Et dans ces diverses batailles, guerriers dahoméens, amazones et soldats français ont fait des prodiges d'héroïsme.

MŒURS ET COUTUMES DU DAHOMEY

Le roi du Dahomey était un souverain absolu et despotique. C'était le seul homme libre de son royaume. Ses deux premiers ministres, le *Mingan*, ministre de la Justice et exécuteur des hautes-œuvres, le *Mehou*, ministre du Commerce et des Douanes, étaient les deux premiers esclaves et les deux plus forts contribuables. Le Cambodé (trésorier), le chef des Eunuques, le Yévoghan de Whydah, les Cabécères du royaume, viennent après le Mingan et le Méhou; mais, à côté de ces hommes puissants, il existe un *Mingan* femme et un *Méhou* femme.

Nous avons vu, en parlant des amazones, qu'elles avaient une hiérarchie militaire analogue à celle des hommes.

Lorsque les ministres du roi communiquent avec lui, ils se traînent jusqu'auprès du trône et, quand ils y sont arrivés, ils se jettent à plat ventre, embrassent la terre, couvrent leur tête de poussière et, après avoir fait craquer leurs doigts à trois reprises, attendent dans la plus humble posture que le roi daigne leur parler.

La religion du Dahomey est le paganisme dans tout ce qu'il a de plus superstitieux.

Ils admettent deux principes, deux Êtres suprêmes, égaux en pouvoir : l'un, celui du bien, *Maou*, qu'ils aiment, mais qu'ils jugent inutile de prier, parce qu'il est infiniment bon et miséricordieux; l'autre, le principe du mal, *Wodou*, le démon, qui s'incarne dans les animaux, le serpent par exemple. *Daboa* ou *Damsbé*, la panthère, le caïman, le caméléon, certains arbres, des tiges de fer.

Mais l'incarnation suprême du Démon est le *Legba*, le fétiche obscène, mâle et femelle, que l'on trouve sur les places publiques, devant les portes, caché au milieu des bois sacrés, à tous les décimères (postes de douane).

Gravement, hommes, femmes, enfants, s'inclinent eu passant devant le dieu de la Fécondité, créateur des misères de la vie, et, pour se le rendre secourable, ils arrosent le « Priape » avec de l'huile de palme, sacrifient des poules, et jettent des cauris (monnaie du pays en coquillages) dans une écuelle placée devant lui.

Le dieu de la Foudre, le Tonnerre (*Hévioso*) est très redouté. La foudre tombe en effet souvent dans ce pays célèbre par ses orages effroyables, et les prêtres, les féticheurs, au lieu de s'apitoyer sur les malheureuses victimes, font promener leurs cadavres dans les rues, au milieu des insultes de la populace, les dépècent, vendent les lambeaux de chair au plus offrant, et gardent la main et le pied pour remplacer les baguettes et faire résonner les tams-tams (tambours). J'ai assisté à une cérémonie de ce genre à Abomey-Kalavy le 16 novembre 1889.

Le culte des serpents est en honneur, surtout à Whydah, où ils ont une case réservée. Une vieille femme est préposée à leur garde. Il est interdit, sous les peines les plus sévères, de les maltraiter, et lorsque parfois ils s'échappent, ils peuvent librement parcourir les rues et les places. La foule s'écarte respectueusement devant eux, et bientôt, une féticheuse, avertie de la fuite de *Dieu*, s'avance et prend soit le serpent à pleines mains, soit lui présente un sac, au fond duquel il y a des aliments, et l'animal s'y enfonce docilement et est rapporté à la case fétiche. C'est le *Boa*, serpent en général inoffensif malgré sa force et sa longueur considérable, qui est l'objet du culte des Dahoméens et des Minas; mais les Trigonocéphales, assez nombreux, sont impitoyablement massacrés.

Mais ce qu'il y a de plus curieux au Dahomey ne peut être étudié qu'à l'époque des grandes coutumes, fêtes nationales qui ont lieu à Abomey en novembre et décembre, et auxquelles tous les négociants européens étaient autrefois obligés d'assister.

Aujourd'hui, Abomey n'existe plus. Il ne sera plus permis d'aller dans cette ville étrange, où j'ai vu des choses gracieuses et des épouvantements qui ont pour un instant ressuscité le passé devant mes yeux, et m'ont donné l'illusion que je vivais au sein d'une colonie carthaginoise.

Je n'oublierai jamais la « fête des richesses ». Elle eut lieu dans l'immense cour du palais royal, fête religieuse rappelant les processions de la Fête-Dieu, où défilaient revêtues de somptueux costumes les cinq mille femmes de Sa Majesté Glé-glé, père du roi Behanzin.

Elles marchaient en déclamant des mélopées tristes comme toutes les mélodies africaines; puis, en passant devant le roi, poussaient des cris enthousiastes où l'on distinguait ces mots:

« *Kini, Kini, Kini* », ce qui veut dire le lion des lions, surnom donné au monarque à l'époque de son avènement au trône.

Et, derrière les femmes du roi, d'autres femmes semblables à de merveilleuses statues de bronze, suivaient, vêtues de longues draperies blanches, la tête coiffée à la mode phénicienne d'un voile immaculé, arrêté sur le front, plissé sur les tempes, et tombant gracieusement sur les épaules.

Elles portaient de la main droite une tige de fer surmontée d'un trépied, hérissé de pointes de fer lancéolées, et dans leurs attitudes hiératiques, elles me donnaient l'impression soudaine que je voyais passer les prêtresses qui accompagnaient *Salammbô* au temple de *Tanit*.

Puis venaient des femmes mystérieuses, le visage couvert d'un voile semblable à une *cotte* de mailles, habillées suivant la coutume assyrienne, et dont la superbe évocation de Roche-grosse, dans la *Mort de Babylone*, m'a rappelé le vivant souvenir. Le roi seul a le droit de voir leur visage : ce sont les *Inconnues*, épouses mystérieuses, condamnées à mourir avec leur maître et seigneur. Des jeunes filles les précédaient en criant, et la foule s'écartait vivement sachant qu'un regard indiscret était un arrêt de mort.

Puis, cette longue théorie disparaissait par le portail qui ouvrait sur la grand'place d'Abomey, et le Fétiche suprême, homme à tête de taureau, projetant en dehors de sa bouche une langue fourchue dont les deux extrémités formaient un croissant lunaire, le couteau sacré à la main, surgissait tout à coup traîné sur un char par de vigoureux esclaves, et apparaissait au peuple massé en dehors du palais, salué par les fusils des amazones, des coups de canon, et les acclamations d'une multitude en délire, qui se prosternait et baisait la terre, devant l'idole terrifiante, personnification du dieu impitoyable, Baal horrible, jamais las de voir répandre le sang humain.

Des négresses portant des vases, des perroquets en argent fabriqués par les forgerons du roi, des jarres remplies d'eau-de-vie, des coffres pleins de riches étoffes, se précipitaient à la suite du dieu.

Les féticheurs, une queue de cheval dans la main gauche, tenant de l'autre main une coupe pleine d'eau-de-vie, faisaient, conformément au rite, les libations d'usage, après avoir, sous forme d'offrande au dieu qui est tout, répandu à trois reprises, de droite à gauche, la liqueur consacrée sur le sol de la cour royale, sorte de prière en l'honneur du roi qui terminait la cérémonie.

La nuit arrivait, et nous étions reconduits dans la case qui nous servait de demeure, et d'où nous ne sortions que pour aller saluer le roi et assister à ces *coutumes* où personne ne parlait jamais, si ce n'est pour chanter les louanges du vieux roi Kini-Kini.

Les fêtes se succédaient ainsi, mais elles ne devaient pas tarder à être remplacées par des solennités sanglantes.

Le jour de la fête « des largesses » était arrivé. Le roi Glé-Glé, du haut d'une estrade, tendue de draperies blanches sur lesquelles étaient grossièrement dessinés deux Européens grotesques qui s'apprêtaient à boire, commença lentement la distribution des pagnes aux grands chefs du royaume, à moi, à mon secrétaire et à mon interprète.

Des sacs de *cauris* (monnaie du pays) furent éventrés, et les coquillages jetés aux soldats.

Puis un grand silence se fit — sous une paillotte éclairée par un soleil éblouissant, des noirs étaient attachés à des poteaux. C'étaient les prisonniers de guerre destinés aux sacrifices.

Vêtus d'un large « boubou » blanc, la tête couverte du bonnet bambara de la même couleur, orné de la lune rouge, emblème royal du Dahomey, les condamnés à mort paraissaient joyeux et regardaient.

Et ce fut au milieu d'un silence solennel, malgré la présence d'une foule innombrable, que deux esclaves placés devant la tribune royale jetèrent brusquement au milieu de l'enceinte réservée aux amazones, que séparaient des assistants de longs bambous placés sur le sol, un noir vigoureux, assis dans un panier, les mains et les pieds attachés. Quelques recommandations avaient été faites à l'infortuné qui allait mourir, messager suprême envoyé par le roi Glé-Glé à son père dans l'autre monde, et dès que deux princesses eurent étendu devant la face du vieux monarque un foulard de soie aux vives couleurs, une amazone abattit avec le couteau sacré la tête du malheureux captif.

Et, son œuvre sanglante terminée, la noire guerrière, en proie à une sorte de délire, agita devant la foule muette son coutelas ruisselant de sang; puis ses compagnes commencèrent leurs danses monotones et furieuses, devant le monarque qui souriait et au milieu des acclamations enthousiastes du futur roi Behanzin et de toute l'armée dahoméenne, elles entonnèrent leur hymne triomphal :

> Dahomey, Dahomey,
> Tu es le maître de l'Univers :
> Tes filles, plus courageuses
> Que les guerriers,
> Ne reculent jamais devant l'ennemi.
> Dahomey, tu es le maître de l'Univers.

Et chaque jour de nouvelles exécutions eurent lieu,

Le prince Kondô, aujourd'hui le roi Behanzin, m'ayant dispensé, sur ma demande, d'assister aux sacrifices humains contre lesquels j'avais protesté, traçait à mes geôliers, dignitaires de la couronne, placés auprès de moi pour me surveiller, le chemin que je devais suivre dans mes sorties pour me rendre à la cour.

Sur la route argileuse, brûlée par le soleil, je rencontrais des mares de sang, des têtes fraîchement coupées qui me regardaient avec des yeux convulsés, des corps indignement mutilés, qui, après une agonie horrible, pendaient sinistres, attachés deux à deux par les pieds à une potence, et dont les vautours buvaient avidement le sang tombant goutte à goutte sur la terre rougie.

Deux cent quarante-trois prisonniers furent égorgés pendant mon séjour à Abomey; presque tous étaient des habitants du royaume de Porto-Novo, placé sous le protectorat de la France, et dont les habitants avaient été razziés quelques mois auparavant, sans déclaration de guerre.

A huit heures du soir, nous entendions un coup de canon, bruit lugubre qui annonçait que la nuit *serait mauvaise.*

Et, dans la nuit tranquille, le roi entouré de ses guerriers les plus fidèles, des grands féticheurs, des amazones plus féroces que les hommes, procédait à l'égorgement en masse des captifs désignés par le Mingan pour être immolés.

Des hommes étaient pendus par les pieds, puis éventrés; d'autres étaient lentement égorgés, et le sang recueilli était jeté par les féticheurs devant les portes principales du palais du roi.

Puis, les cadavres abandonnés à la foule étaient placés dans des attitudes sinistrement comiques, adossés contre une muraille, une pipe insérée entre leurs lèvres muettes, ou bien dans un accouplement monstrueux et obscène et, au soleil levant, les femmes, les jeunes filles et les enfants se rendaient sur la place royale ou sur celle du Grand-Marché où se trouvait l'exposition funèbre, et défilaient devant les cadavres, en les accablant d'injures et de railleries.

Malgré la chaleur torride, il était défendu de dire « qu'ils sentaient mauvais ». Puis ils étaient emportés, jetés dans les fossés de la ville, où les charognards, vautours hideux, les disputaient aux vers et aux chacals.

Les grandes coutumes d'Abomey, pendant lesquelles ont lieu ces sacrifices humains, correspondent aux fêtes nationales des Achantis, celles de l'*Igname* et de l'*Adaï*, où au milieu d'une ivresse générale, produite par l'absorption de nombreux barils de tafia, des centaines d'esclaves sont égorgés.

Je crois avoir montré que le peuple dahoméen avec ses coutumes barbares, ses sacrifices humains, était une honte pour la civilisation européenne. La France, en mettant un terme à ces atrocités, aura accompli une mission humanitaire et les noms du général Dodds, et des vaillants officiers, Faurax, Bellamy, Doué, Amelot, Valabrègue, etc., tombés au champ d'honneur, vivront dans le souvenir de tous les Français, ainsi que la mémoire des humbles, des simples soldats, qui sont allés là-bas, sur cette terre insalubre, mourir héroïquement pour la défense de la patrie.

Jean BAYOL.

Paris. — Imp. Gauthier-Villars et fils, 55, quai des Grands-Augustins.

www.ingramcontent.com/pod-product-compliance
Lightning Source LLC
Chambersburg PA
CBHW060717280326
41933CB00012B/2467